AF247747

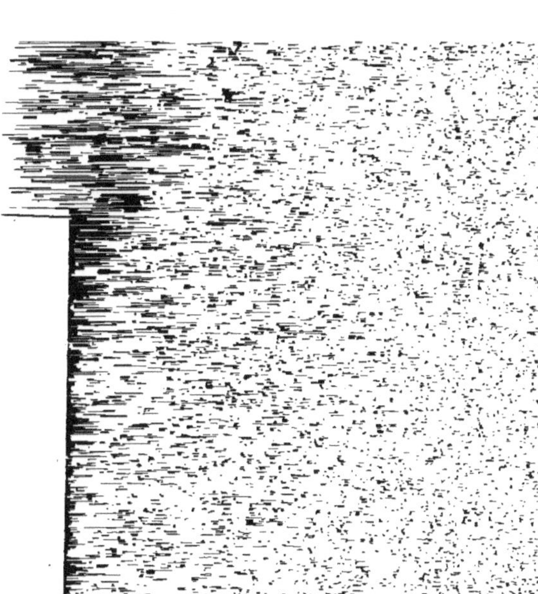

# SOUVENIRS

DE

## L'ALLOCUTION PRONONCÉE LE 13 DÉCEMBRE 1871

### AU SERVICE ANNIVERSAIRE

### DE M. LE COMTE

# ANSELME DE MAILLY-CHALON

COMMANDANT DU BATAILLON DES MOBILES DE MAMERS

## Par le R. P. STANISLAS

Aumônier du Bataillon.

## LE MANS

### IMPRIMERIE LEGUICHEUX-GALLIENNE

15, RUE MARCHANDE, 15

—

## 1871

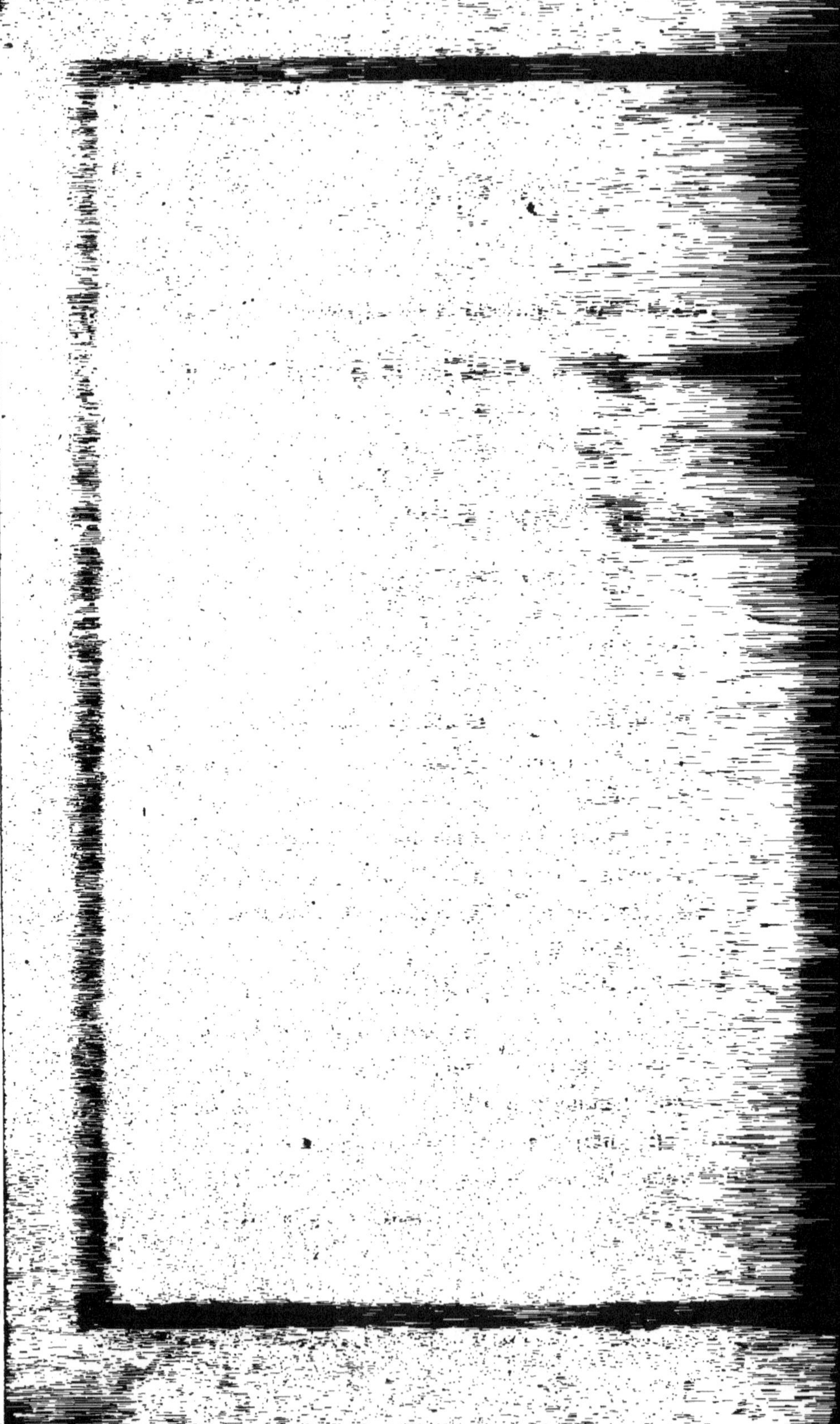

# SOUVENIRS

DE L'ALLOCUTION PRONONCÉE LE 13 DÉCEMBRE 1871

AU SERVICE ANNIVERSAIRE

## DE M. LE COMTE ANSELME DE MAILLY-CHALON

Commandant du bataillon des Mobiles de Mamers

### Par le R. P. STANISLAS

Aumônier du Bataillon

---

Je tromperais votre attente et vous auriez de la peine à me le pardonner, je ne me le pardonnerais pas à moi-même, si je ne vous disais quelques mots à la mémoire du comte Anselme de Mailly-Châlon, commandant du bataillon des Mobiles de la Sarthe du canton de Mamers, devenu le 3ᵉ bataillon du 74ᵉ régiment des Mobiles.

Je ne vous redirai pas la noblesse du comte de Mailly, non pas que ces choses ne soient une distinction devant les hommes et même devant Dieu, quand elles sont, comme cela avait lieu pour notre bien-aimé commandant, le qualificatif légitime et authentique de la noblesse de son âme et de la distinction de son caractère. Je ne vous redirai pas le charme de ses relations et le sérieux de son esprit : qualités qui faisaient de lui l'homme du commerce le plus aimable et l'homme de savoir. Ces choses-là, vous les savez mieux que moi. Mais, ce que j'ai pu constater aussi bien et mieux que d'autres peut-être, c'est ceci. Tout d'abord le comte de Mailly paraissait réservé, presque froid, et sous cette enveloppe première il y avait un cœur chaud, une âme douée de toute la délicatesse des sentiments généreux, d'une exquise sensibilité. Et c'est pour cela que notre bien-aimé commandant, sachant bien que trop souvent l'homme se laisse entraîner dans son jugement, ses affections et ses actes par le cœur, plus que par la saine et impartiale raison, c'est pour cela qu'il voulait d'abord juger et décider avec les lumières de l'esprit, avec toute la maturité du jugement, pour aimer ensuite de tout son cœur ce qu'il pouvait et devait aimer, pour laisser sa volonté et son devoir guider son cœur, au lieu de se laisser guider aveuglément par lui.

Telles sont les qualités qui faisaient de notre cher commandant un chef hors ligne, dont nous étions tous légitimement fiers.

Ne croyez pas pour cela, mes biens chers Frères, qu'il oublia d'être humble, non ! Il disait à qui voulait l'entendre, son inexpérience dans l'art militaire ; il recevait simplement les avis de tous, lors même qu'il ne pouvait tous les suivre. Il était surtout d'une humilité et d'une obéissance parfaites devant tout supérieur, donnant à tous ainsi l'exemple de toutes les vertus.

Je me souviens sur la place de Nogent-le-Rotrou, lorsque le bataillon rassemblé allait partir pour Frazé, Illiers, etc... Le commandant passait devant les hommes rangés en bataille, il était magnifique sur son cheval... Sa voix si belle et si sympathique donnait les ordres nécessaires au départ... — Quel beau commandant ! disaient les spectateurs. — C'est un militaire de profession ? — demandaient-ils. Et j'étais fier de leur répondre, c'est Monsieur de Mailly, le commandant du 2ᵉ bataillon des Mobiles de la Sarthe.

Vous vous rappelez à Varize, après cette étape si pénible dont je vous parlais l'autre jour (1), dans cette ville dévastée, au milieu de ces ruines noircies par le feu, quels sentiments de trop juste indignation, animaient notre brave commandant, désireux de venger au plutôt les horreurs commises dans ce malheureux pays ruiné de fond en comble. Vous vous rappelez ce frugal repas, improvisé dans cette maison, la seule à peu près debout, où il avait fallu balayer les traces d'une orgie prussienne pour pouvoir s'asseoir quelques instants. Tout à coup un cri se fait entendre. Voilà les Prussiens !... le com-

(1) Au service du lieutenant d'Argy le 9 décembre 1871 à Courcemont.

mandant saisit ses armes, il est à cheval en tête de son bataillon, lancé au pas de course dans le champ sur lequel s'était hasardé l'ennemi.

Tant que les conditions furent égales, non pas en nombre, car les Prussiens étaient plus nombreux, mais en position c'est-à-dire en rase campagne, ceux-ci reculèrent ; mais lorsqu'ils furent abrités dans cette ferme, dont les murailles élevées les abritaient si bien que l'on ne voyait même pas les cimiers de leurs casques, le feu s'engagea meurtrier pour les nôtres, et (je le dis ici pour préciser des détails que, malgré les bonnes intentions d'autres narrateurs, les témoins oculaires peuvent seuls bien connaître) le bataillon n'hésita pas un seul instant. Sans doute quelques compagnies furent plus particulièrement engagées, mais, dans celles développées en tirailleurs et dans celles placées en soutien recevant également des projectiles, personne ne broncha un seul instant et Monsieur de Mailly se portant partout à cheval, libre et brillant comme s'il se fut agi d'une fête, vit bien qu'il pouvait compter sur ses hommes, et c'est alors qu'il crût pouvoir se permettre, comme il le disait lui-même, le plaisir d'envoyer quelques balles aux Prussiens.

Descendant de cheval, il prit le chassepot d'un mobile et visa quelques coups de fusil. Bientôt s'apercevant qu'il était impossible de se rendre compte de l'effet produit sur un ennemi absolument invisible, il rendit cette arme et il se disposait à remonter à cheval... Ah ! dit-il, je suis blessé... et il tomba !.. On s'empressa autour de lui... « Cher capitaine, dit-il à l'un des officiers le premier près de lui, et dont je ne dirai pas ici le nom bien connu pour ménager les susceptibilités de sa modestie, cher capitaine, gardez moi mon épée... ne me laissez pas faire prisonnier... »

Et tandis qu'on improvisait un premier et hâtif pansement, au milieu de ses cruelles souffrances, lui, tout préoccupé du sort de ses soldats, vos enfants, mes bien chers Frères, ne cessait de répéter : « Faites dire au colonel, je vous en prie, que nos hommes se font inutilement tuer. » Cependant il fallait l'emporter hors du champ de bataille, et c'est alors que tous voulaient, sous la pluie des balles, se précipiter pour porter notre cher commandant. Il fallut retenir les Mobiles, le bataillon tout entier allait se précipiter pour remplir ce périlleux office, quelques-uns désignés le transportèrent dans une ambulance provisoire. Peu après le vœu de Monsieur de Mailly fut exaucé, on reçut l'ordre de cesser le feu. Peu à peu on se retire pour se replacer en bataille derrière le parc dévasté.

Enfin l'ordre arrive de rentrer à Châteaudun. Là, sur cette place, devant le bataillon l'arme aux pieds, passe couché sur une voiture, que dis-je, sur une charette, le commandant blessé, la jambe broyée, cahoté, tout sanglant... Une voix émue se fait entendre... présentez armes! et sur le visage de ses hommes qui viennent de braver la mort sans sourciller, on peut voir couler les larmes... et lui les saluait de la main...

Il était tant aimé de tous !

Nous avons dû le laisser à Châteaudun dès le lendemain, il nous fallait repartir avec tout le corps d'armée (le 17ᵉ corps). Dans cette dernière entrevue, quelle cruelle séparation ! — « Ne me plaignez pas, nous disait-il, c'est vous qu'il faut plaindre, vous allez traverser d'autres fatigues et d'autres dangers. » Nous nous détournions pour pleurer. Il fallut nous faire violence pour partir, le devoir nous appelait impérieusement. Hélas ! nous ne devions plus le revoir. Il mourut quelques jours après des suites de sa blessure. Mais avant de mourir il donna encore un exemple. Le commandant accepta le ministère du prêtre sans respect humain et avec reconnaissance. Il reçut les sacrements de l'Église avec une telle liberté d'esprit et un tel acquiescement de la volonté, que lorsque sa famille, accourue auprès de lui, craignant peut-être que les approches de la mort ne lui eussent ravi quelque chose de ses facultés, lui demanda s'il entendait la voix du prêtre et s'il comprenait.—Parfaitement ! répondit-il avec cette accentuation nette et ferme qui révélait le héros chrétien, dans ce dernier exemple de courage et de foi.

Ah ! c'était un brave, c'était une intelligence d'élite. Il n'avait pas peur de la mort et il était au-dessus de l'ordinaire par son esprit et par son cœur. Il est mort d'une mort glorieuse aux yeux des hommes, d'une mort sainte aux yeux de Dieu, et voici que Dieu lui dit par le ministère des hommes inspirés d'en haut : « Vous qui de votre propre mouvement vous êtes « offerts au péril... Mon cœur vous aime, braves et « brillants volontaires d'Israël. »

Cependant « c'est une bonne et salutaire pensée de prier pour les morts » dit encore la sainte Écriture, parceque Dieu demande une si grande pureté dans les âmes pour leur ouvrir le Ciel, que nous devons toujours craindre qu'elles n'aient encore quelque chose à payer à la justice divine. Et qui peut dire que notre bien-aimé commandant n'ait pas besoin de prières ? Voilà pourquoi nous avons prié, nous prions et nous prierons pour lui, unis dans la même pensée d'affection et de foi. Nous prierons pour l'âme de notre cher et regretté commandant, le comte Anselme de Mailly, nous prierons Dieu qu'il nous fasse à tous la grâce, chacun dans notre vocation de suivre les exemples qu'il nous a donnés dans sa glorieuse vie et sa sainte mort, afin que nous nous retrouvions tous avec lui à la dernière et bienheureuse étape de l'éternité. Amen.

Le Mans. — Impr. Lægnicheux-Gallienne.